낭독하는 명작동화

Level 3-7

The Beauty and
the Beast

✦ 미녀와 야수 ✦

새벽달(남수진) • 이현석 지음

Key Vocabulary

명작동화를 읽기 전에 스토리의 **핵심 단어**를 확인해 보세요. 내가 알고 있는 단어라면 체크 표시하고, 모르는 단어는 이야기를 읽은 후에 체크 표시해 보세요.

Story

Level 3의 영어 텍스트 수준은 책의 난이도를 측정하는 레벨 지수인 **AR(Accelerated Reader) 지수 2.5~3.3 사이**로 **미국 초등학생 2~3학년 수준**으로 맞추고, 분량을 **1100 단어 내외**로 구성했습니다.

쉬운 단어와 간결한 문장으로 구성된 스토리를 그림과 함께 읽어 보세요. 페이지마다 내용 이해를 돕는 그림이 있어 상상력을 풍부하게 해 주며, 이야기를 더욱 재미있게 읽을 수 있습니다.

Reading Training

이현석 선생님의 **강세와 청킹 가이드**에 맞춰 명작동화를 낭독해 보세요.

한국어 번역으로 내용을 확인하고 **우리말 낭독**을 하는 것도 좋습니다.

This Book

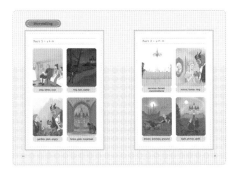

Storytelling

명작동화의 내용을 떠올릴 수 있는 **8개의 그림**이 준비되어 있습니다. 각 그림당 제시된 **3개의 단어**를 활용하여 이야기를 만들고 말해 보세요. 상상력과 창의력을 기르는 데 큰 도움이 될 것입니다.

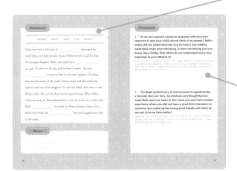

Summary

명작동화의 **줄거리 요약문**이 제시되어 있습니다. 빈칸에 들어갈 단어를 채워 보며 이야기의 내용을 다시 정리해 보세요.

Discussion

명작동화의 내용을 실생활에 응용하거나 비판적으로 생각해 볼 수 있는 **토론 질문**으로 구성했습니다. 영어 또는 우리말로 토론하며 책의 내용을 재구성해 보세요.

픽처 텔링 카드

특별부록으로 **16장의 이야기 그림 카드**가 맨 뒷장에 있어 한 장씩 뜯어서 활용이 가능합니다. 순서에 맞게 그림을 배열하고 이야기 말하기를 해 보세요.

QR코드 영상을 통해 새벽달님과 이현석 선생님이 이 책을 활용하는 가장 좋은 방법을 직접 설명해 드립니다!

Contents

Level 3-7

The Beauty and the Beast

✦ 미녀와 야수 ✦

Key Vocabulary

☐ **beauty** 미인; 아름다움

☐ **storm** 폭풍

☐ **fancy** (색깔이) 화려한

☐ **gentle** 온화한, 부드러운

☐ **castle** 성

☐ **pick** (꽃을) 꺾다

☐ **roar** 으르렁거리는 소리

☐ **beast** 야수

☐ **terrified** 두려워하는

☐ **forgive** 용서하다

☐ **happily** 기꺼이

☐ **greet** 맞이하다

☐ **handle** 처리하다, 감당하다

☐ **care for** ~을 좋아하다, 사랑하다

☐ **spell** 마법

Once upon a time, there was a kind man.

He had many ships, and he was rich.

He also had many children.

His youngest daughter was named Belle.

It meant 'beauty.'

Belle was beautiful and kind, and she loved reading books.

Her sisters only liked parties and clothes.

So they laughed at Belle because she loved books.

One day, a big storm hit.
The man's ships were all gone.
And he lost all his money.
The family moved to a smaller house.

One morning, the man received a letter.
One of his ships was found.
'I will sail this ship.
I will make my family rich again,' the man thought.
He prepared for a trip on that ship.

Before he left, the man asked his children,

"What gifts do you want?"

Belle's sisters wanted fancy dresses and jewels.

The man also asked Belle, "How about you, Belle?"

"I want you to come home safely," said Belle.

"Do not worry, Belle. Now, what do you really want?"

the man asked with a gentle smile.

Belle thought for a long time. "I want a rose," she said.

The man went on his trip.
The weather was very cold.
A big storm came, too.
So the man got lost in a dark forest.

The man was cold and tired.
Then, he saw lights coming from a big castle.
He went inside the castle to find help.

"Hello, is there anyone here?" said the man.

There was no one inside the castle.

The man looked around and found a room with a fireplace.

There was a lot of food on the table.

'Whose dinner is this?' the man wondered.

He was very hungry, so he ate and felt better.

He also found a bed and slept.

In the morning, the man found a garden.

There were many roses growing there.

'Belle wanted a rose. I should go pick one,' the man thought.

He went to the garden and picked the prettiest rose.

Suddenly, he heard a roar.

The Beast appeared. He was the owner of the castle.

The Beast was big, and he looked angry.

The man was very scared.

The Beast said, "I gave you a warm place.

I also gave you food and a bed.

But you are stealing my roses! Now, I will take your life."

The man became terrified and cried,
"I am sorry for picking your roses.
This rose was for my youngest daughter.
I did not know that the garden was yours.
Please forgive me and let me go home."

The Beast thought for a while.
Then he said, "You can go, but send one of your daughters.
She must come here happily.
Before you go, take the box of gold coins in the bedroom.
It will help your family."

The man was very sad when he left the Beast's castle.
He rode his horse back home.
When he got home, his children ran out to greet him.

The children saw the man's sad face.
They asked, "Father, what is wrong?"
The man told them everything.

Belle listened to her father.
She said, "I will go to the castle."
Her father said, "No, you should not!"
But Belle was brave.
She said, "I was the one who asked for the rose.
It was my fault. So please let me handle this."

Belle got on her horse.

And she went to the Beast's castle.

The castle was deep in the forest.

Belle stopped in front of the castle.

Suddenly, the gate opened by itself.

Belle was surprised, but she was not scared.

The castle was beautiful.

It was full of bright lights and lovely flowers.

"Wow, this place is wonderful," said Belle.

Belle walked around and found a room for her.

It said *Belle's Room* on the door.

Belle went inside and found many books.

She loved to read, so she was happy.

She took out some books and read them.

Then, Belle heard the voice of the Beast.

"Good evening, Belle," said the Beast.

Belle turned around and saw him.

The Beast looked scary.

For a while, Belle was nervous.

But she said, "Good evening."

"Did you come here happily?" the Beast asked.

"Yes, I came here for my father," Belle answered.

"Come, let's go eat dinner," said the Beast.

Belle and the Beast had dinner together.
The Beast asked Belle about her day.
She talked about the books she read.
He listened carefully and smiled at her stories.

They spent many days like this.
Belle thought the Beast was smart and funny.

The Beast often made Belle laugh.
Every evening, they had long conversations.
Belle enjoyed them very much.

But Belle missed her family.
So the Beast gave her a magic mirror.
When she missed her family, she looked in the mirror.
She could see her family with it.

As time passed, the Beast fell deeply in love with Belle.
She was kind and gentle.
Every night, he asked her to marry him.
Belle always said "No" because she did not love him.

One day, Belle saw her father in the mirror.

He was sick in bed.

Belle was worried, so she went to the Beast.

"My father is sick. Can I please go home?" she asked.

The Beast did not want her to leave.

He was sad, but he also cared for her.

"You can go," said the Beast. "But please come back."

He gave Belle a magic ring.

"Put on this ring before you sleep," he told her.

"You will wake up in your father's house tomorrow.

When you are ready to come back,

take off the ring before you sleep."

"Thank you. I will come back in a week," said Belle.

That night, Belle put on the ring and slept.

The next day, she woke up in her father's house.

Her family was happy to see her.

Days went by quickly and Belle's father got better.

Belle had a good time with her family.

But she forgot her promise to the Beast.

A week passed, and Belle was still in her father's house.

One night, Belle had a dream.

In the dream, the Beast was lying on the ground.

He looked sad and sick.

Belle woke up and remembered her promise.

Belle wished to go back to the Beast.

That night, she took off the ring and slept.

The next day, she was back at the castle.

She ran to the garden and found the Beast.

He was on the ground.

Belle said with tears, "Please, wake up.

I want to stay with you forever."

Suddenly, there was a magical light.
Belle closed her eyes because it was too bright.
When she opened her eyes, the Beast was gone!

Instead, there was a prince.
"Who are you?" Belle asked.
The prince said, "I am the Beast."

The prince told Belle his story.
A witch had turned him into a beast.
He needed to find someone who would love him.
Then the spell would break.
"Belle, your love broke the spell," said the prince.

Belle was happy and surprised.
Belle and the prince went into the castle.
They talked and danced together.
They lived happily ever after in the castle.

◆ The Beauty and the Beast

Once upon a **ti**me, **/** there was a **kind man**.

He had **ma**ny **ships**, **/** and he was **rich**.

He **al**so had **ma**ny **child**ren.

His **young**est **daugh**ter **/** was **na**med **Bel**le.

It **meant** '**beau**ty.'

Belle was **beau**tiful and **kind**, **/** and she **lo**ved reading **books**.

Her **sis**ters **/** **on**ly liked **par**ties **/** and **clo**thes.

So they **laugh**ed at **Bel**le **/** because she **lo**ved **books**.

One day, **/** a **big storm** hit.

The **man**'s **ships /** were **all go**ne.

And he **lost / all** his **mo**ney.

The **fa**mily **mo**ved **/** to a **small**er **house**.

One morning, **/** the **man** re**cei**ved a **let**ter.

One of his **ships /** was **found**.

'I will **sail** this **ship**.

I will **ma**ke my **fa**mily **/ rich a**gain,' **/** the man thought.

He pre**pa**red for a **trip /** on that **ship**.

◆ 미녀와 야수

옛날 옛날에, 한 친절한 남자가 살았습니다.
그는 많은 배들을 가지고 있었고, 부자였습니다.
그는 또 자식들이 많았습니다.
그의 막내딸의 이름은 벨이었습니다.
그 이름은 '미녀'라는 뜻이었어요.
벨은 아름답고 친절하고, 책 읽기를 정말 좋아했습니다.
그녀의 언니들은 파티와 옷만을 좋아했습니다.
그래서 언니들은 벨이 책을 좋아한다는 이유로 비웃었습니다.

어느 날, 커다란 폭풍이 몰아쳤습니다.
남자의 배들이 모두 사라졌어요.
그리고 그는 전 재산을 잃었습니다.
가족은 더 작은 집으로 이사했어요.

어느 날 아침, 남자는 편지 한 통을 받았습니다.
그의 배들 중 한 척이 발견되었던 거예요.
'나는 이 배를 출항시켜야겠어.
내 가족을 다시 부자가 되게 만들겠어.' 남자는 생각했습니다.
그는 그 배를 타고 떠날 여행을 준비했어요.

Before he left, / the man asked his children, /

"What gifts / do you want?"

Belle's sisters / wanted fancy dresses / and jewels.

The man / also asked Belle, / "How about you, Belle?"

"I want you / to come home safely," / said Belle.

"Do not worry, Belle.

Now, / what do you really want?" / the man asked with a gentle smile.

Belle / thought for a long time.

"I want a rose," / she said.

The man / went on his trip.

The weather was very cold.

A big storm / came, too.

So the man got lost / in a dark forest.

The man was cold / and tired.

Then, / he saw lights / coming from a big castle.

He went inside the castle / to find help.

그는 떠나기 전에, 자녀들에게 물었습니다.

"어떤 선물을 받고 싶니?"

벨의 언니들은 화려한 드레스와 보석을 원했습니다.

아버지는 벨에게도 물었어요. "너는 어떠니, 벨?"

"저는 아버지가 안전하게 집에 돌아오시기를 바라요." 벨이 말했습니다.

"걱정 말거라, 벨.

자, 정말 받고 싶은 것이 무엇이니?" 아버지가 인자한 미소를 지으며 물었어요.

벨은 한참을 생각했습니다.

"저는 장미 한 송이를 받고 싶어요." 그녀가 말했어요.

남자는 여행을 떠났습니다.

날씨가 매우 추웠어요.

큰 폭풍우도 몰아쳤습니다.

그래서 남자는 어두운 숲에서 길을 잃고 말았어요.

남자는 춥고 피곤했습니다.

그때, 그는 큰 성에서 나오는 불빛을 보았습니다.

남자는 도움을 구하기 위해 성 안으로 들어갔어요.

"Hello, **/** is there **any**one **he**re?" **/** said the man.

There was **no** one **/** in**si**de the **cas**tle.

The **man** looked a**round** **/** and **found** a **room** **/** with a **fi**replace.

There was a **lot** of **food** **/** on the **ta**ble.

'**Who**se **din**ner is this?' **/** the **man** wondered.

He was **ve**ry **hun**gry, **/** so he **ate** **/** and **felt bet**ter.

He **al**so found a **bed** **/** and **slept**.

In the **mor**ning, **/** the **man found** a **gar**den.

There were **ma**ny **ro**ses **/** **grow**ing there.

'**Bel**le **wan**ted a **ro**se. **/** I should **go** **/** **pick** one,' **/** the man thought.

He **went** to the **gar**den **/** and **pick**ed the **pret**tiest **ro**se.

Suddenly, **/** he **heard** a **roar**.

The **Beast** **/** ap**pear**ed.

He was the **own**er of the **cas**tle.

The **Beast** was **big**, **/** and he **look**ed **an**gry.

The **man** **/** was **ve**ry **sca**red.

The **Beast** said, **/** "I **ga**ve you **/** a **warm** place.

I **al**so **ga**ve you **food** **/** and a **bed**.

But you are **steal**ing my **ro**ses!

Now, **/** I will **ta**ke your **life**."

"안녕하세요? 누구 계신가요?" 남자가 말했습니다.

성 안에는 아무도 없었어요.

남자는 성 안을 둘러보았고 벽난로가 있는 방 하나를 발견했습니다.

식탁 위에는 많은 음식이 놓여 있었어요.

'이건 누구의 저녁 식사일까?' 남자는 궁금했습니다.

그는 매우 배가 고팠기 때문에, 음식을 먹고 나서 기분이 나아졌어요.

그는 또한 침대 하나를 발견하고는 잠을 잤습니다.

아침이 되자, 남자는 정원을 발견했습니다.

그곳에는 많은 장미가 자라고 있었어요.

'벨이 장미를 원했지. 가서 한 송이를 꺾어야겠다.' 남자가 생각했습니다.

그는 정원으로 가서 가장 예쁜 장미 한 송이를 꺾었어요.

갑자기, 남자는 으르렁거리는 소리를 들었습니다.

야수가 나타났습니다.

그는 성의 주인이었습니다.

야수는 덩치가 컸고, 화가 나 보였어요.

남자는 몹시 무서웠습니다.

야수가 말했어요. "나는 너에게 따뜻한 방을 제공했어.

나는 음식과 침대도 제공했지.

그런데 너는 내 장미를 훔치고 있구나!

이제, 나는 네 목숨을 가져가야겠다."

The **man** be**came ter**rified / and **cried**, /
"I am **sor**ry / for **pick**ing your **ro**ses.
This rose / was for my **young**est **daugh**ter.
I did **not know** that / the **gar**den was **yours**.
Please for**give** me / and **let** me go **ho**me."

The **Beast** / **thought** for a **whi**le.
Then he said, / "You can **go**, / but **send** one of your **daugh**ters.
She must **co**me here / **hap**pily.
Be**fore** you **go**, / **ta**ke the **box** of **gold** coins / in the **bed**room.
It will **help** your **fa**mily."

The **man** was **ve**ry **sad** / when he **left** the **Beast**'s **cas**tle.
He **ro**de his **hor**se / **back ho**me.
When he **got ho**me, / his **child**ren ran **out** / to **greet** him.

The **child**ren / **saw** the **man**'s **sad fa**ce.
They asked, / "**Fa**ther, / what is **wrong**?"
The **man** / **told** them **e**verything.

남자는 두려움에 떨며 울었습니다.
"당신의 장미를 꺾어서 죄송해요.
이 장미는 제 막내딸을 위한 것이었어요.
저는 이 정원이 당신 것인 줄 몰랐어요.
제발 저를 용서하시고 집에 보내 주세요."

야수는 잠시 생각했습니다.
이윽고 야수가 말했어요. "너는 가도 좋다. 하지만 너의 딸들 중 한 명을 보내도록 해.
그녀는 기꺼이 이곳에 와야만 한다.
떠나기 전에, 침실에 있는 금화 상자를 가져가도록 해.
그것이 너의 가족에게 도움이 될 거야."

남자는 야수의 성을 떠나면서 매우 슬펐습니다.
그는 말을 타고 집으로 돌아갔어요.
남자가 집에 도착하자, 아이들이 달려 나와 그를 맞이했습니다.

아이들은 남자의 슬픈 얼굴을 보았어요.
그들이 물었습니다. "아버지, 무슨 일이 있나요?"
남자는 모든 이야기를 들려주었어요.

Belle **/** listened to her father.

She said, **/** "I will go to the castle."

Her father said, **/** "No, you should not!"

But Belle was brave.

She said, **/** "I was the one **/** who asked for the rose.

It was my fault. **/** So please **/** let me handle this."

Belle **/** got on her horse.

And she went to the Beast's castle.

The castle was deep **/** in the forest.

Belle stopped **/** in front of the castle.

Suddenly, **/** the gate opened **/** by itself.

Belle was surprised, **/** but she was not scared.

The castle was beautiful.

It was full of bright lights **/** and lovely flowers.

"Wow, **/** this place is wonderful," **/** said Belle.

벨은 아버지의 말에 귀를 기울였습니다.
그녀가 말했어요. "제가 그 성으로 갈게요."
벨의 아버지가 말했습니다. "안 된다. 가서는 안 돼!"
하지만 벨은 용감했어요.
그녀가 말했습니다. "장미를 부탁한 건 저였어요.
이건 제 잘못이에요. 그러니 제발 제가 이 일을 감당하게 해 주세요."

벨은 말에 올라탔습니다.
그리고 그녀는 야수의 성으로 갔어요.
성은 숲속 깊은 곳에 있었습니다.
벨은 성 앞에서 멈췄어요.
갑자기, 성문이 저절로 열렸습니다.
벨은 놀랐지만, 두렵지 않았어요.

성은 아름다웠습니다.
성은 밝은 조명들과 사랑스러운 꽃들로 가득했습니다.
"와, 이곳은 멋진걸." 벨이 말했습니다.

Belle walked around / and found a room for her.

It said *Belle's Room* / on the door.

Belle went inside / and found many books.

She loved to read, / so she was happy.

She took out some books / and read them.

Then, / Belle heard the voice / of the Beast.

"Good evening, Belle," / said the Beast.

Belle turned around / and saw him.

The Beast / looked scary.

For a while, / Belle was nervous.

But she said, / "Good evening."

"Did you come here / happily?" / the Beast asked.

"Yes, / I came here / for my father," / Belle answered.

"Come, / let's go eat dinner," / said the Beast.

Belle and the Beast / had dinner together.

The Beast asked Belle / about her day.

She talked about the books / she read.

He listened carefully / and smiled at her stories.

벨은 성 안을 돌아다니다가 자신을 위한 방을 발견했습니다.
방문에는 *벨의 방*이라고 쓰여 있었어요.
벨이 안으로 들어가 보니 많은 책들이 있었습니다.
벨은 책 읽는 것을 좋아했기 때문에, 매우 행복했어요.
그녀는 책 몇 권을 꺼내서 읽었습니다.

그때, 벨은 야수의 목소리를 들었습니다.
"좋은 저녁이에요, 벨." 야수가 말했어요.
벨은 몸을 돌려서 야수를 보았습니다.
야수는 무시무시해 보였어요.
잠시, 벨은 긴장했습니다.
하지만 그녀는 말했습니다. "좋은 저녁이에요."
"당신은 여기에 기꺼이 왔나요?" 야수가 물었어요.
"네, 저는 제 아버지를 위해 여기에 왔어요." 벨이 대답했습니다.
"이리 오세요, 저녁을 먹으러 갑시다." 야수가 말했어요.

벨과 야수는 함께 저녁을 먹었습니다.
야수는 벨의 하루에 대해 물었어요.
벨은 자신이 읽은 책들에 대해 이야기했습니다.
야수는 벨의 말을 주의 깊게 들으며 그녀의 이야기에 미소를 지었어요.

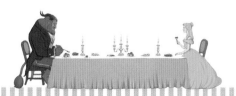

They **spent ma**ny days **/** like this.
Belle **thought** the **Beast /** was **smart** and **fun**ny.

The **Beast /** of**ten made **Bel**le **laugh**.
Every **e**vening, **/** they had **long** conver**sa**tions.
Belle en**joy**ed them **very much**.

But **Bel**le **/ miss**ed her **fa**mily.
So the **Beast ga**ve her **/** a **ma**gic **mir**ror.
When she **miss**ed her **fa**mily, **/** she **look**ed in the **mir**ror.
She could **see** her **fa**mily **/** with it.

As **time pass**ed, **/** the **Beast** fell **deep**ly in **lo**ve **/** with **Bel**le.
She was **kind /** and **gen**tle.
Every **night**, **/** he **ask**ed her to **mar**ry him.
Belle **al**ways said "**No**" **/** because she did **not / lo**ve him.

One day, **/ Bel**le **saw** her **fa**ther **/** in the **mir**ror.
He was **sick** in **bed**.
Belle was **wor**ried, **/** so she **went /** to the **Beast**.
"My **fa**ther is **sick**. **/** Can I **please** go **ho**me?" **/** she asked.
The **Beast** did **not want** her **/** to **lea**ve.
He was **sad**, **/** but he **al**so **ca**red for her.

그들은 이렇게 여러 날을 보냈습니다.
벨은 야수가 똑똑하고 재미있다고 생각했어요.

야수는 자주 벨을 웃게 했습니다.
매일 저녁, 그들은 긴 대화를 나눴습니다.
벨은 그 대화가 매우 즐거웠어요.

하지만 벨은 가족이 보고 싶었습니다.
그러자 야수는 그녀에게 마법의 거울을 주었어요.
가족이 보고 싶으면, 벨은 거울을 들여다보았습니다.
그 거울을 통해, 그녀는 가족을 볼 수 있었습니다.

시간이 흐르면서, 야수는 벨을 깊이 사랑하게 되었습니다.
그녀는 친절하고 온화했지요.
매일 밤, 야수는 벨에게 자신과 결혼해 달라고 청했습니다.
벨은 그를 사랑하지 않았기 때문에 항상 '안 돼요'라고 말했어요.

어느 날, 벨은 거울 속에서 아버지를 보았습니다.
아버지는 병상에 누워 있었어요.
벨은 걱정이 되었고, 그래서 야수에게 갔습니다.
"아버지가 편찮으세요. 저를 집에 보내 주시면 안 될까요?" 그녀가 물었습니다.
야수는 그녀가 떠나는 것을 원하지 않았어요.
야수는 슬펐지만, 벨을 아끼고 있었지요.

"You can **go**," **/** said the **Beast**. **/** "But **please** come **back**."

He **gave Bel**le **/** a **ma**gic **ring**.

"Put **on** this **ring** **/** be**fore** you **sleep**," **/** he told her.

"You will wake **up** **/** in your **fa**ther's **hou**se **/** to**mor**row.

When you are **rea**dy to come **back**, **/** take **off** the **ring** **/** be**fore** you **sleep**."

"**Thank** you. **/** I will come **back** **/** in a **week**," **/** said **Bel**le.

That night, **/** **Bel**le put **on** the **ring** **/** and **slept**.

The **next** day, **/** she woke **up** **/** in her **fa**ther's **hou**se.

Her **fa**mily was **hap**py **/** to **see** her.

Days went **by quick**ly **/** and **Bel**le's **fa**ther **/** got **bet**ter.

Belle **had** a **good ti**me **/** with her **fa**mily.

But she for**got** her **pro**mise **/** to the **Beast**.

A **week pass**ed, **/** and **Bel**le was **still** **/** in her **fa**ther's **hou**se.

One night, **/** **Bel**le **had** a **dream**.

In the **dream**, **/** the **Beast** **/** was **ly**ing on the **ground**.

He looked **sad** **/** and **sick**.

Belle woke **up** **/** and re**mem**bered her **pro**mise.

"가도 좋아요." 야수가 말했습니다. "하지만 부디 돌아와 줘요."
야수는 벨에게 마법의 반지를 하나 주었어요.
"이 반지를 끼고 자도록 해요." 야수가 벨에게 말했습니다.
"당신은 내일 당신 아버지의 집에서 눈을 뜰 거예요.
당신이 돌아올 준비가 되었을 때, 이 반지를 빼고 잠을 자도록 해요."
"고마워요. 일주일 후에 돌아올게요." 벨이 말했습니다.

그날 밤, 벨은 반지를 끼고 잠이 들었습니다.
다음 날, 그녀는 아버지의 집에서 눈을 떴습니다.
벨의 가족은 그녀를 보게 되어 행복했어요.

시간이 빠르게 흘렀고, 벨의 아버지는 건강을 회복했습니다.
벨은 가족과 좋은 시간을 보냈어요.
하지만 그녀는 야수와의 약속을 잊고 말았습니다.
일주일이 지났지만, 벨은 여전히 아버지의 집에 있었어요.

어느 날, 벨은 꿈을 꾸었습니다.
꿈에서, 야수는 땅에 쓰러져 있었어요.
그는 슬프고 아파 보였습니다.
벨은 잠에서 깨어 자신의 약속을 기억해 냈습니다.

Belle **wish**ed to go **back** / to the **Beast**.

That night, / she took **off** the **ring** / and **slept**.

The **next** day, / she was **back** / at the **cas**tle.

She **ran** to the **gar**den / and **found** the **Beast**.

He was on the **ground**.

Belle said with **tears**, / "**Please**, wake **up**.

I **want** to **stay** with you / for**ev**er."

Suddenly, / there was a **ma**gical **light**.

Belle **clo**sed her **e**yes / because it was **too bright**.

When she **o**pened her **e**yes, / the **Beast** was **go**ne!

In**stead**, / there was a **prin**ce.

"Who **are** you?" / **Bel**le asked.

The **prin**ce said, / "I am the **Beast**."

The **prin**ce / told **Bel**le his **sto**ry.

A **witch** had **turn**ed him / into a **beast**.

He **need**ed to **find some**one / who would **lo**ve him.

Then the **spell** / would **break**.

"**Bel**le, / your **love bro**ke the **spell**," / said the **prin**ce.

Belle was **hap**py / and sur**pris**ed.

Belle and the **prin**ce / **went** into the **cas**tle.

They **talk**ed / and **dan**ced to**ge**ther.

They **lived hap**pily ever **af**ter / in the **cas**tle.

벨은 야수에게 돌아가고 싶었습니다.
그날 밤, 그녀는 반지를 빼고 잠들었어요.
다음 날, 벨은 성에 돌아와 있었습니다.
그녀는 정원으로 달려갔고 야수를 발견했습니다.
야수는 바닥에 쓰러져 있었어요.
벨이 눈물을 흘리며 말했습니다. "제발, 일어나요.
저는 당신과 영원히 함께하고 싶어요."

갑자기, 마법의 빛이 나타났습니다.
빛이 너무 밝아서 벨은 눈을 감았어요.
그녀가 눈을 떴을 때, 야수는 사라지고 없었어요!

그 대신, 한 왕자가 있었습니다.
"당신은 누구세요?" 벨이 물었어요.
왕자가 말했습니다. "제가 바로 야수예요."

왕자는 벨에게 자신의 이야기를 들려주었어요.
한 마녀가 그를 야수로 바꿔 놓은 것이었어요.
그는 자신을 사랑해 줄 사람을 찾아야 했습니다.
그러면 마법이 풀릴 것이었어요.
"벨, 당신의 사랑이 마법을 풀었어요." 왕자가 말했습니다.

벨은 행복했고, 놀랐습니다.
벨과 왕자는 성으로 들어갔습니다.
그들은 함께 이야기하고 춤을 추었습니다.
그 후로 그들은 성에서 행복하게 살았답니다.

Part 1 ◆ p.8~16

ship, letter, rose

trip, lost, castle

garden, pick, angry

brave, gate, surprised

nervous, dinner,
conversations

mirror, home, ring

dream, promise, ground

light, prince, spell

realized　storm　spell　rose　picked

Once there was a rich man. A _____ destroyed the

man's ships, one ship was later found. Before he left to sail the ship,

his youngest daughter, Belle, only asked for a _____

as a gift. He went on his trip, and he found a castle. The man

_____ a rose for Belle in the castle's garden. The Beast,

who was the owner of the castle, became angry and demanded the

man to send one of his daughters. To save her father, Belle went to the

Beast's castle. She and the Beast became good friends. When Belle's

father was sick, the Beast allowed her to visit her home for a while. But

Belle _____ she loved the Beast and went back to him.

Belle's love broke the _____ . They lived happily ever after

in the castle.

Memo

Discussion

1 ◆ (If you are a parent, please be prepared with your own response in case your child cannot think of an answer.) Belle's sisters did not understand her love for books, but reading made Belle smart and interesting. Is there something you love doing, like a hobby, that others do not understand but is very important to you? What is it?

(여러분이 부모라면, 아이가 대답을 생각하지 못할 수 있으니 여러분의 경험을 미리 생각해 두었다가 들려주세요.) 언니들은 벨이 왜 그렇게 책을 좋아하는지 이해하지 못했어요. 하지만 독서는 벨을 똑똑하고 매력적인 사람으로 만들어 주었어요. 여러분도 다른 사람들은 이해하지 못하지만 여러분에게는 매우 중요한, 여러분이 좋아하는 취미 같은 일이 있나요? 그것은 무엇인가요?

2 ◆ The Beast looked scary at first because he appeared like a monster. But over time, his kindness and thoughtfulness made Belle open her heart to him. Have you ever had a similar experience where you did not have a good first impression of someone, but ended up becoming good friends with them as you got to know them better?

괴물처럼 생긴 야수의 첫인상은 무서워 보였어요. 하지만 시간이 지남에 따라, 야수의 친절하고 사려 깊은 모습 때문에 벨은 서서히 마음의 문을 열었어요. 여러분도 어떤 사람의 첫인상은 별로 좋지 않았지만, 그 사람을 더 잘 알게 되면서 좋은 친구가 되었던 경험이 있나요?

낭독하는 명작동화 Level 3-7
The Beauty and the Beast

초판 1쇄 발행 2024년 12월 2일

지은이 새벽달(남수진) 이현석 롱테일 교육 연구소
책임편집 강지희 | **편집** 명채린 백지연 홍하늘
디자인 박새롬 | **그림** 김진우
마케팅 두잉글 사업본부

펴낸이 이수영
펴낸곳 롱테일북스
출판등록 제2015-000191호
주소 04033 서울특별시 마포구 양화로 113, 3층(서교동, 순흥빌딩)
전자메일 team@ltinc.net

이 도서는 대한민국에서 제작되었습니다.
롱테일북스는 롱테일㈜의 출판 브랜드입니다.

ISBN 979-11-93992-31-9 14740

The Beauty and
the Beast

2

letter
ship
prepare

새벽달 X 이현석 낭독스쿨

The Beauty and
the Beast

1

daughter
beauty
laugh at

새벽달 X 이현석 낭독스쿨

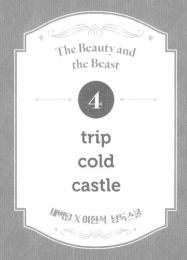

The Beauty and
the Beast

4

trip
cold
castle

새벽달 X 이현석 낭독스쿨

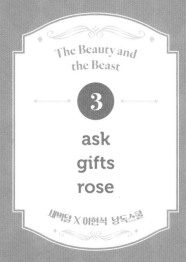

The Beauty and
the Beast

3

ask
gifts
rose

새벽달 X 이현석 낭독스쿨

The Beauty and
the Beast

6

garden
pick
roar

새벽달 X 이현석 낭독스쿨

The Beauty and
the Beast

5

room
food
bed

새벽달 X 이현석 낭독스쿨

The Beauty and
the Beast

8

listen to
brave
handle

새벽달 X 이현석 낭독스쿨

The Beauty and
the Beast

7

send
coins
sad

새벽달 X 이현석 낭독스쿨

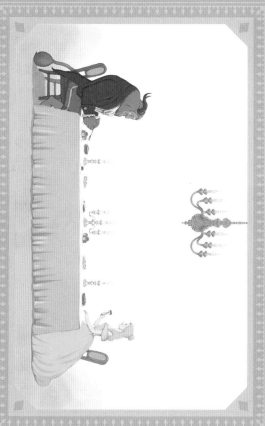

The Beauty and
the Beast

10

beautiful
room
books

새벽달 X 이현석 낭독스쿨

The Beauty and
the Beast

9

castle
stop
surprised

새벽달 X 이현석 낭독스쿨

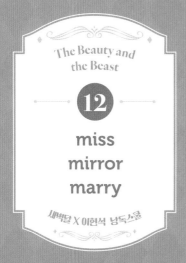

The Beauty and
the Beast

12

miss
mirror
marry

새벽달 X 이현석 낭독스쿨

The Beauty and
the Beast

11

nervous
dinner
conversations

새벽달 X 이현석 낭독스쿨